14 VACAS
PARA AMÉRICA

EN COLABORACIÓN CON

Wilson Kimeli Naiyomah

14 VACAS
PARA AMÉRICA

Carmen Agra Deedy

ILLUSTRACIONES
Thomas González

TRADUCCIÓN
Cristina de la Torre

EN COLABORACIÓN CON
Carlos Agra

Ω
PEACHTREE
ATLANTA

En la lejana aldea de Kenia la vida transcurre con placidez.
Las noticias viajan lentamente hasta este rincón de África.

A medida que Kimeli se va aproximando, contempla la manada
de jirafas que cruza la sabana. Sonríe.

Lleva tanto tiempo ausente.

Hay una niña sentada bajo un árbol de guayaba que,
cuando lo ve, avisa enseguida a todos los demás.
Los niños se acercan corriendo con la gracia de las gacelas.
Él los recibe alegre y les toca levemente la cabeza,
la bendición de un guerrero.

El resto de la tribu rodea a Kimeli.

Ésta es su gente.

Éstos son los maasai.

En otra época fueron guerreros feroces.

Ahora viven en paz pastoreando su ganado.

Cuidan a sus vacas con el mismo cariño que a sus niños.

Les cantan.

Les ponen nombres.

Incluso abrigan a los terneros en sus hogares.

Sin la manada, la tribu moriría de hambre.

Para los maasai, la vaca es vida.

—Hola, *Súpa*,— Kimeli escucha una y otra vez. Todos quieren saludarlo.

Sus ojos encuentran a su madre en el *enkáng*, el círculo de chozas.

Ella abre los brazos y lo llama:

—*Aakúa.* Bienvenido, hijo mío.

Kimeli suspira.

Por fin ha llegado a su hogar.

Está feliz, pero triste a la vez. No puede quedarse.
Debe regresar al lejano país donde estudia medicina.

Entonces recuerda Nueva York.
Y aquel día de septiembre.

Un niño le pregunta, —¿Nos has traído cuentos?
Kimeli dice que sí.

Trae una historia que le quema el corazón.

Pero primero debe hablar con los mayores de la aldea.

Luego, siguiendo una tradición tan antigua como los maasai,
toda la tribu se reúne bajo una acacia para escuchar el relato.

Al oír la historia, una quietud terrible desciende entre ellos.

No pueden creer lo que están oyendo.

¿Edificios tan altos que tocan el cielo?
¿Fuegos tan intensos que derriten el hierro?
¿Humo tan denso que oculta el sol?

Más de tres mil seres humanos han desaparecido.
La historia llega a su fin.

El silencio se hace aún más profundo entre los maasai.

Kimeli espera.
Conoce a su pueblo.

Son fieros si los provocan, pero también
bondadosos ante el sufrimiento
y la injusticia.

Al fin, se escucha la voz angustiada de uno de los ancianos de la tribu:

—¿Qué podemos hacer por esta pobre nación?
Muy cerca, se oye mugir una vaca.
Todos miran hacia el ganado.

—Para los maasai —musita Kimeli—,
la vaca es vida.

Kimeli se vuelve hacia los mayores y
ofrece a Enkarûs, su única vaca.

Les pide su bendición.
No dudan en dársela.
Pero quieren ofrecer algo más.

La tribu manda un mensaje a la embajada de Estados Unidos en Nairobi.
Como respuesta, la embajada envía a un diplomático.

El jeep se abre camino por el polvoriento paisaje. El viaje es largo.
El diplomático está fatigado. Piensa que va a reunirse con los jefes de la tribu.
Nada más lejos de la realidad.

En la aldea le espera una gran sorpresa.
Ésta no va a ser una visita diplomática típica.

Sino más bien...

... una ceremonia.

Lo reciben cientos de maasai
en trajes espléndidos: túnicas rojas como
la sangre, collares espectaculares.
El hombre se queda maravillado.

Es un ritual sagrado.

Los jóvenes guerreros danzan saltando en el aire.
Las mujeres entonan lamentaciones.
Los niños, siempre niños, corretean y juegan.

Después de varios discursos,
llega el momento esperado.

Kimeli y su pueblo se encuentran en una colina
sagrada apartada de la aldea.
Sólo se escucha el delicado tintineo de los cencerros.

Entonces, con palabras sagradas en maa, los mayores
bendicen la ofrenda del pueblo maasai de Kenia...

...catorce vacas para América.

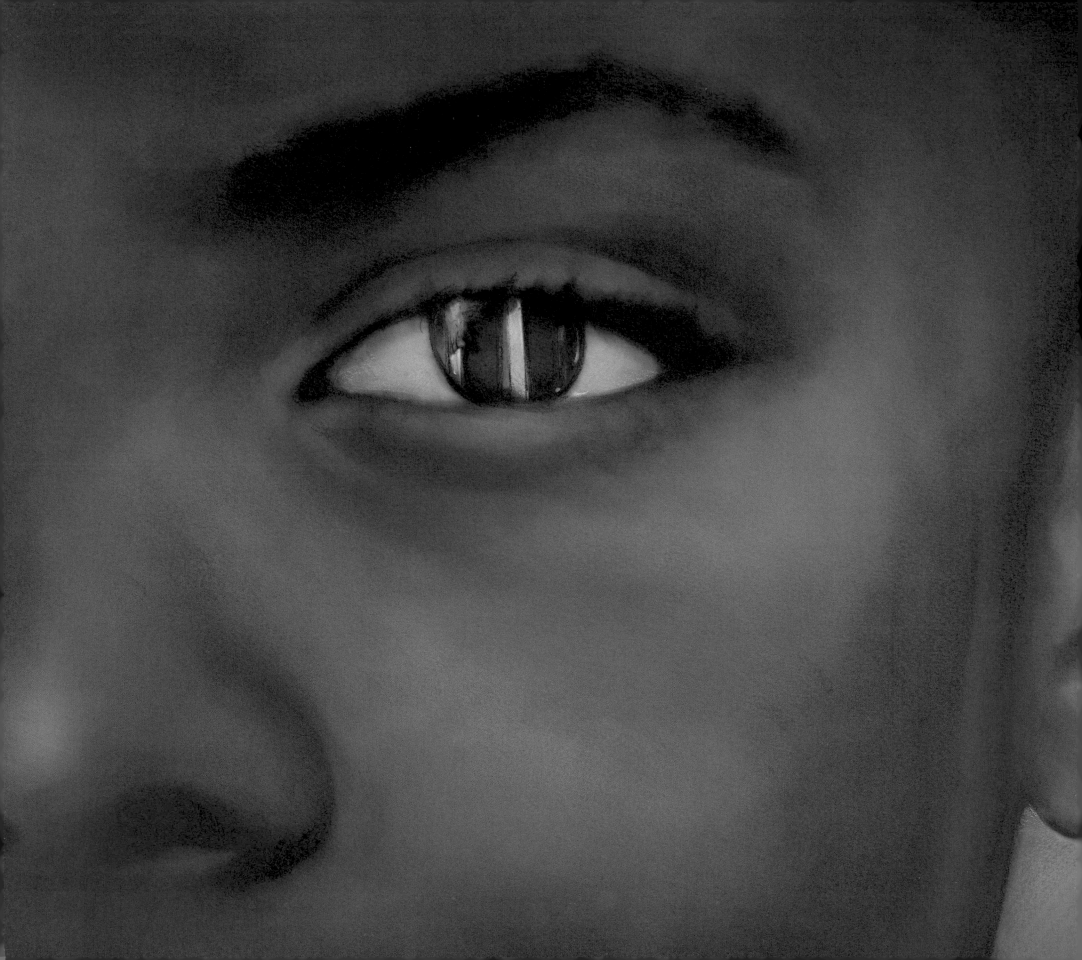

Porque no hay nación tan poderosa que no pueda resultar herida,

ni pueblo tan pequeño que no pueda ofrecer consuelo.

Nota de Kimeli Naiyomah

Kimeli (en el centro) con los ancianos maasai. Ole-Ng'ong'ote (a la derecha), jefe de la tribu, Ole-Meleji (a la izquierda), anciano a cargo de los campos guerreros.

Yo soy el Kimeli de esta historia. Me crié en una pequeña aldea de Kenia.

Cuando era niño, mi madre me decía que yo era demasiado sensible para convertirme en un fiero guerrero maasai. Alimentaba a los pajaritos en sus nidos y rescataba las hormigas que flotaban en los charcos.

Me gustaba cuidar las vacas de los mayores de la tribu. Me sentía muy unido a ellos. Un niño maasai es igual que un ternerito: bebe leche de la vaca y se siente protegido por el toro. Mi madre era demasiado pobre para poseer una vaca. Yo soñaba con tener una para ella y para mí algún día. Era mi mayor aspiración.

De chico, pasaba mucho tiempo con los abuelos y las abuelas de mi tribu. Ellos me enseñaron que tener un corazón compasivo no era un defecto. Para los maasai hay valores más importantes que la fuerza y la audacia. Nuestros antepasados también predicaban la compasión y la bondad hacia cualquier persona necesitada: el huérfano, la viuda, un extraño. "Para aliviar el dolor del corazón humano —me explicaban—, debes dar algo que esté muy próximo a tu propio corazón."

Cuando me hice mayor gané una beca para estudiar en Estados Unidos. Muchos padres norteamericanos me abrieron las puertas de sus hogares como si fuera uno de sus hijos. Al igual que los mayores de mi aldea, esta gente me mostró su bondad acogiéndome en sus hogares y ayudándome con mi educación. Así fue cómo Estados Unidos se convirtió en mi segundo hogar.

Yo estaba en la ciudad de Nueva York el 11 de septiembre de 2001. Lo que sucedió ese día fue terrible. Muchas personas quedaron sin padres, madres, hermanos y hermanas, sin hijos. Presencié el valor y el coraje de bomberos y policías que arriesgaron sus propias vidas para salvar a otros.

Mi corazón guerrero latía en mí y supe que tenía que hacer algo para ayudar. Aquel corazón de mi infancia me dijo lo que era: ofrecer un sacrificio de acuerdo con las tradiciones de mi pueblo.

"Para aliviar un corazón que sufre, tienes que darle algo que esté muy cerca de tu propio corazón."

JOSH HANER

Para entonces, yo ya había ahorrado lo suficiente para hacer realidad mi sueño de comprar una vaca. Decidí que la vaca, símbolo de vida para mi gente, sería mi ofrenda al pueblo doliente del país que consideraba mi segundo hogar. Pero algunos sufrimientos son demasiado intensos para ser sobrellevados por un solo pecho. Pediría a los mayores de mi aldea que bendijeran la vaca para que se convirtiera en un regalo especial que aliviara esa gran congoja del pueblo norteamericano.

Regresé a Kenia la primavera siguiente y les conté la trágica historia de los sucesos ocurridos en la ciudad de Nueva York. Al oír el relato y ver mis lágrimas, el legendario espíritu de mi pueblo se conmovió.

Cuando presenté mi ofrenda para que fuese bendecida por los mayores, muchos otros hicieron lo mismo con sus propias vacas. Ese día se bendijeron catorce vacas. Fue un momento emocionante para mi aldea, pues con nuestro sacrificio ayudaríamos a otro pueblo de un lugar lejano.

El embajador norteamericano y su esposa llegaron a nuestra aldea para aceptar las vacas. El himno nacional de Estados Unidos se escuchó a través de altavoces durante toda la ceremonia. Aunque mi gente no entendía su mensaje, se mantuvo de pie junto al embajador con la mano sobre el pecho. Al ver a cientos de maasai en respetuoso silencio a su lado, el embajador de Estados Unidos lloró. Su llanto sorprendió a mi gente, y a todos nos embargó una intensa emoción.

Nuestros corazones maasai compartieron el dolor de los norteamericanos. En ese preciso momento, se forjó un fuerte vínculo entre dos culturas.

Estas vacas sagradas nunca podrán ser sacrificadas. Quedarán a nuestro cuidado en Kenia, bajo la custodia del venerable jefe Mzee Ole-Yiampoi. Las catorce vacas originales han tenido crías y ahora el rebaño cuenta con más de treinta y cinco cabezas que continuarán siendo un símbolo de esperanza y de la buena voluntad de los maasai hacia sus hermanos de Estados Unidos. Los maasai esperan que cada vez que el pueblo norteamericano escuche este simple relato de las catorce vacas, sienta un poco de consuelo y de paz.

Wilson Kimeli Ole-Naiyomah

Pintura de James Cloutier

La bandera que conmemora el regalo de las vacas del pueblo maasai al pueblo norteamericano se exhibe en la embajada de Estados Unidos en Kenia y será trasladada al Monumento y Museo Nacional 11 de septiembre en el World Trade Center de Nueva York tan pronto se inaugure.

Para más detalles sobre este cuento de las 14 vacas, por favor visite www.14cowsforamerica.com.

A mis hijos Katie y William,
Erin y Lauren.
A mi amado esposo John.
Y a mi nietecita Ruby.
—C. A. D

A mi esposa Noni
y a mi hija Nina.
Me considero muy afortunado
de que ustedes dos sean parte
de mi vida.
—T. G.

A todos los niños que lean este libro.
Ustedes son la esperanza del mundo.
Ojalá lleguen a convertirse en
verdaderos
embajadores de paz.
—W. K. N.

PEACHTREE PUBLISHERS
1700 Chattahoochee Avenue
Atlanta, Georgia 30318-2112
404-876-8761
www.peachtree-online.com

Text © 2009 by Carmen Agra Deedy
Illustrations © 2009 by Thomas Gonzalez
Afterword © 2009 by Wilson Kimeli Naiyomah

First Spanish language edition published in 2010

Kimeli Naiyomah, the publisher, and the illustrator wish to thank Josh Haner
for the generous use of his photographs in the development of the illustrations
for this book. The photographs provided invaluable guidance and inspiration for
the accurate depiction of the events described here.

Special thanks to Teresa Mlawer for her valued advice
with the Spanish translation.

The publisher considered alternate titles for the Spanish edition, including
14 VACAS PARA ESTADOS UNIDOS. We decided to stay with 14 VACAS PARA AMÉRICA
because this is how the tribe of the Maasai village of Enoosaen referred to
"the people of the far lands across the ocean" to whom they offered the gift
of the cows.

Illustrations created in pastel, colored pencil, and airbrush on 100% rag
archival watercolor paper; text typeset in ITC's Bookman Medium; title
typeset in Linotype's Optima ExtraBlack.

Printed in April 2010 in China by Imago
Dongguan, Guangdong
10 9 8 7 6 5 4 3 2 1 (hardcover)
10 9 8 7 6 5 4 3 2 1 (trade paperback)

ISBN 978-1-56145-550-8 / 1-56145-550-4 (hardcover)
ISBN 978-1-56145-555-3 / 1-56145-555-5 (trade paperback)

Cataloging-in-Publication Data is available from the Library of Congress